내 방에 작은 정원

쁘띠 플라워
petit flower

내 방에 작은 정원
쁘띠 플라워
petit flower

김혜진 지음

prologue

매일 똑같은 일상이 지겨워질 때쯤, 내 안의 무언가를 발견하기 위해 시작한 것이 바로 꽃과의 만남이었습니다. 처음엔 그저 회사 책상에 싱싱한 꽃 한 송이를 꽂아 두는 것부터였는데, 점점 더 잘 꽂고 싶고 예쁘게 디자인하고 싶다는 욕심이 들었습니다. 취미 삼아 주말에 잠깐 시간을 내어 배우다가 점점 그날만 기다리는 제 자신을 발견했고, 어느새 몇 개의 자격증도 손에 넣게 되었지요.

꽃을 가까이 한다는 것은 자연과 생명의 근원에 다가가는 것과 같은 느낌입니다. 꽃의 생김새와 향기, 특징을 살피고 가장 잘 어울리는 화기를 골라 스타일링하면서 꽃과 대화를 나눕니다. 마치 절친한 친구와 대화를 나누는 것 같은데, 사실 꽃과 대화를 나누는 것이 아니라 또 다른 나와 대화를 나누는 시간이지요. 누군가에게 받은 상처로 마음이 헛헛할 때는 꽃에게 우울한 마음을 내어 보이기도 하고, 홀로 숨겨둔 설레는 감정을 꽃에 담아 전하기도 합니다. 꽃이 없었다면, 이런 제 안의 감정들은 어떻게 풀고 감싸 안을 수 있었을까요.

   누구나 꽃을 보면 3초 안에 웃는다고 합니다. 물론 놀라는 감정이 포함되어 있겠지만, 그들의 웃음을 분석해보면 얼굴 전체에 번지는 100퍼센트 진짜 웃음이라고 하네요. 저 또한 많은 사람들에게 꽃을 선물해보았지만, 웃으며 좋아하지 않은 사람은 단 한 명도 없었습니다. 하루에 한번 활짝 웃기가 쉽지 않은 일상에서 활짝 핀 꽃 한 송이를 바라보며 자아내는 탄성이야말로 진짜 쉼표가 아닐까요.

   '이렇게 살아야 해.' 하는 타인의 방식에 떠밀려 하루하루를 숙제하듯 살아가는 분들에게 일상의 여유를 가져다 줄 꽃 한 송이를 선물하고 싶습니다. 이 책을 통해 꽃 한 송이, 컵 하나로 자신을 위한 작은 선물을 준비할 수 있기를 소망합니다.

                                                          김혜진

프롤로그 4
좋은 꽃 고르기 8
예쁘고 싱싱하게 꽃 손질하기 10
플라워 스타일링 도구들 12

Part1 기분 좋은 설렘을 전하는 봄꽃들

프리지아 당신의 시작을 응원해! _프리지아 접시 침봉꽂이 16
벚꽃 가장 아름다운 순간 _벚꽃 바구니 가지꽂이 20
히아신스 향기에 취하고 기다림에 취하고 _히아신스 호엽란꽂이 24
수선화 내면의 외로움에 대하여 _수선화 호엽란 사이 꽂기 28
튤립 욕망의 또 다른 이름 _튤립 유리컵꽂이 32
조팝나무 헤이리의 솜사탕 거리 _조팝나무 바구니꽂이 36
라넌큘러스 습지에서 태어난 화려한 꽃 _라넌큘러스 와이어 접시 데코 40
옥시 별을 닮아 신비로운 꽃 _옥시 엽란 컵꽂이 44
아이리스 달콤한 키스의 향기 _아이리스 잡지 액자 48
패랭이꽃 작은 생명, 큰 행복 _패랭이꽃 테이크아웃 커피 52
봄을 닮은 구근식물 키우기 56

Part2 뜨거운 열정을 담은 여름꽃들

빨간 장미 비오는 수요일엔 빨간 장미를 _장미 2단 케이크 60
라일락 달콤한 첫사랑의 추억 _라일락 밥공기 데코 64
리시안셔스 더불어 아름다운 꽃 _리시안셔스 티포트에 꽂기 68
델피니움 나만의 돌고래 시간 _델피니움 접시 겹쳐 꽂기 72
작약 새로운 시작을 축하하며 _작약 부케 만들기 76
노란 장미 변하지 않는 사랑 _장미꽃 도시락 만들기 80
거베라 습관을 다듬는 일 _거베라 테이블 센터피스 84
해바라기 지상 최고의 건축물 _해바라기 와인 잔꽂이 88
아마릴리스 여배우의 기쁨과 슬픔 _아마릴리스 비닐백 데코 92
여름에 어울리는 그린 소재들 96

Part3 여유와 운치를 더하는 가을꽃들

아네모네 이별의 말들 _아네모네 생수병 모아 꽂기 100
백합 행운을 나누다 _백합 리본 화기 데코 104
소국 아름다운 처방전 _소국 리스 만들기 108
코스모스 수줍게 전하는 마음 _코스모스 천가방에 담기 112
수국 변덕과 진심 _수국 미니 부케 만들기 116
행운목 삶의 성장 속도 _행운목 접시 데코 120
칼라 시간의 의미 _칼라 대나무 바구니꽂이 124
심비디움 부모님의 마음을 담아 _심비디움 코르사주 만들기 128
금잔화 보름달을 닮은 꽃 _금전화 네임카드 만들기 132
과일과 어울리는 가을 꽃 장식 136

Part4 따스하게 외로움을 달래주는 겨울꽃들

알스트로메리아 3초 안에 기분 좋아지는 법 _알스트로메리아 머그잔 데코 140
카네이션 감사의 마음을 담아 _카네이션 하트 박스 144
호접란 여자로 산다는 것 _호접란 접시에 띄우기 148
안개꽃 녹지 않는 눈송이 _안개꽃 와이어 접시꽂이 152
아이비 최고의 룸메이트 _아이비 유리 모빌 156
산세비에리아 새 건물 증후군 안녕! _산세비에리아 분갈이하기 160
편백나무 따뜻한 겨울을 기대하며 _편백 테이블 트리 164
자금우 그녀들의 저녁식사 _자금우 센터피스 168
소나무 해피 뉴 이어! _소나무 벽걸이용 꽃다발 172
겨울에 키우면 좋은 다육식물 176

에필로그 178

좋은 꽃 고르기

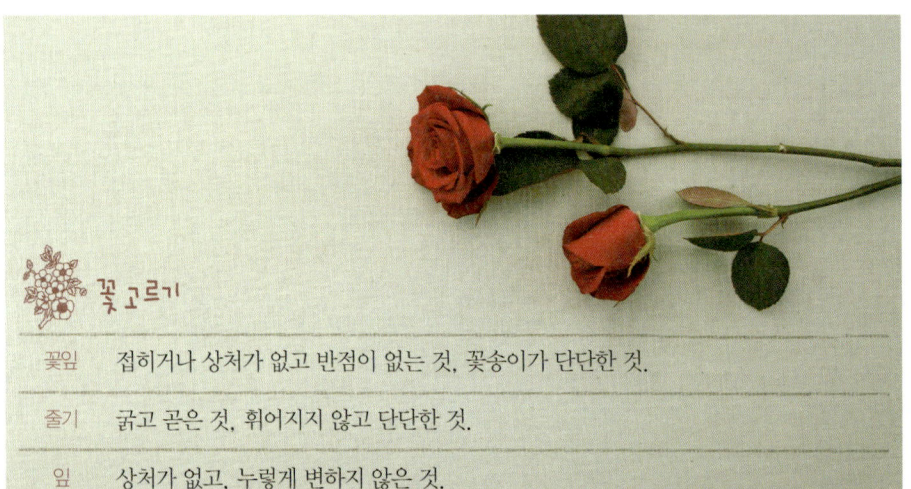

꽃 고르기

꽃잎	접히거나 상처가 없고 반점이 없는 것, 꽃송이가 단단한 것.
줄기	굵고 곧은 것, 휘어지지 않고 단단한 것.
잎	상처가 없고, 누렇게 변하지 않은 것.

나뭇가지 고르기

꽃잎	가지에 달린 꽃의 1/3이 활짝 피어 있는 것.
가지	껍질이 마르지 않은 것.
잎	윤기가 나고 가지에 튼튼하게 붙어 있는 것.

줄기를 잘 보고 사야 하는 꽃

꽃 종류 : 튤립, 히아신스, 수선화, 라넌큘러스, 거베라 등.

꽃 얼굴이 꺾이지 않고 곧게 서 있는 것이 좋고, 똑바로 세웠을 때 휘어지지 않고 단단하며 줄기 끝이 무르지 않은 것을 선택한다.

봉오리일 때 사야 하는 꽃

꽃 종류 : 해바라기, 백합, 아이리스, 칼라 등.

당일에 사용할 꽃은 절반 정도 핀 것이 좋고, 3일 이내에 사용할 예정이라면 꽃이 전혀 피지 않은 것을 선택한다.

예쁘고 싱싱하게 꽃 손질하기

꽃 다듬기

1. 꽃이 물을 잘 흡수하려면 너무 차가운 물은 좋지 않다.
2. 줄기의 단면이 넓을수록 물을 잘 흡수할 수 있으므로 줄기 끝은 사선으로 자른다.
3. 잎이 물에 잠겨 있으면 물의 오염 속도가 빨라지므로, 물에 닿는 줄기 부분은 잎을 깨끗이 정리한다.

 플로럴폼 사용하기

1. 필요한 크기만큼 잘라 사용한다.

2. 플로럴폼의 크기보다 큰 그릇에 물을 담아 물 위에 띄운다. 이때 손으로 누르지 말고 자연적으로 물을 머금도록 한다.

 플로럴 테이프 사용하기

1. 사용할 만큼의 길이로 잘라서 테이프를 늘인다. 플로럴테이프는 늘여야 접착성이 생긴다.

2. 왼손 엄지와 검지로 테이프를 잡고, 오른손에 힘을 주어 사선으로 감는다.

플라워 스타일링 도구들

꽃가위 : 가위 날이 짧고 날카로워 일반 가위에 비해 손을 다치기 쉽다. 사용 후에는 물기를 닦아 보관해야 녹이 슬거나 무뎌지지 않고 오래 사용할 수 있다.

칼 : 꽃가위 대신 칼을 사용하기도 하는데, 익숙하지 않을 경우 다루기 어렵고 매우 위험하므로 숙련이 되기 전까지는 사용하지 않는 편이 좋다.

와이어(칼라) : 두께 및 색상별로 다양한 종류가 있으므로 꽃의 종류와 용도에 맞게 선택하여 사용한다.

플로럴폼 : 원하는 방향으로 꽃을 꽂을 수 있지만 한번 물에 담그면 다시 사용할 수 없기 때문에 필요한 만큼만 잘라 사용하자. 최근에는 환경오염 문제로 사용을 자제하는 추세. 직육면체, 리스 모양 등 그 모양과 크기가 다양하다.

라피아

침봉

와이어

플로럴 테이프

라피아 : 물에 담그면 질기고 튼튼해지므로 사용 전 미리 물에 담가 두었다가 사용한다. 주로 꽃다발을 만들 때 묶는 용도로 사용하는 친환경 소재다.

침봉 : 긴 줄기의 꽃을 지탱하기 위해 사용하며 낮은 화기를 사용하는 동양 꽃꽂이에서 주로 사용한다. 크기별로 다양하므로 줄기의 두께나 꽃의 양에 맞게 구입한다.

플로럴 테이프 : 약한 줄기를 고정하거나 코르사주, 부케 등을 만들 때 줄기를 정리하기 위해 사용한다. 진녹색, 연두색, 갈색, 흰색의 4가지 컬러가 있으며 줄기의 색에 가까운 진녹색 테이프가 가장 자연스럽다.

와이어 : 와이어가 굵을수록 작은 숫자가 씌어 있다. 보통은 굵은 것(#18)과 중간 것(#22) 2가지만으로도 충분하다.

PART 1

Spring

기분 좋은 설렘을 전하는 봄꽃들

Freesia 천진난만, 자기자랑, 청함, 당신의 앞날을 응원합니다

프리지아

당신의 시작을 응원해! 내게 봄은 노란색이다. 따뜻한 봄 햇살을 닮은 노란 개나리가 길가에 피기 시작하면, 쌀쌀했던 날씨도 하루가 다르게 포근해진다. 사람들의 옷차림 역시 가벼워지고 새로운 한 해를 시작하는 기대감에 한껏 부풀어 표정도 화사하다. 이렇듯 봄의 노란색은 시작의 느낌을 준다.

차가운 바람을 느끼며 운동장에 서 있던 입학식 날의 기억. 긴장감과 묘한 기대감이 함께하던 그날도 온통 노란색이었다. 교정 담에 흐드러지게 피어 있던 개나리, 왼쪽 가슴 위에 반짝이던 명찰, 그리고 부모님께서 건네주셨던 노란색 프리지아 꽃다발까지……

매년 봄, 노란색을 마주칠 때면 그때의 설렘이 되살아난다. 새로운 날을 계획하고, 새로운 나의 모습을 꿈꾸게 된다. 그리고 그 시작은 언제나 노란색 프리지아 한 다발을 사는 것부터다. 그저 바라보기만 해도 든든한 응원군을 만난 것 같은 꽃, 프리지아. 누군가의 시작을 진심으로 응원하고 싶다면 노란 프리지아를 선물해보는 건 어떨까.

프리지아 접시 침봉꽂이

재료
노란색 프리지아 3송이, 더스티밀러 약간,
흰 조약돌(작은 것) 5개, 침봉(작은 것), 원형 접시

1 접시 위에 침봉을 놓고 물을 채운다.

2 프리지아를 삼각형 모양으로 침봉에 꽂고 더스티밀러도 함께 꽂는다. 원하는 방향으로 한번에 바로 꽂아야 줄기가 상하지 않고 꽃이 흔들리지 않는다.

3 침봉이 보이지 않게 흰 조약돌로 가린다.

미니 꽃다발을 만들어 유리잔에 꽂아 창가에 두고 봄을 즐겨 보자. 꽃을 짧게 자를수록 물을 잘 흡수해 오래 싱싱한 모습이 유지된다.

Japanese Cherry 순결, 절세미인

벚꽃

가장 아름다운 순간 꽃이 피고 지는 과정은 우리의 삶과 무척 닮아 있다. 인간이 젊음의 한 순간을 정점으로 늙어가듯 모두의 눈길을 사로잡던 화려한 꽃 역시 조용하고 쓸쓸하게 지는 것으로 마무리된다.

영화 〈사랑 후에 남겨진 것들〉은 이 과정을 거꾸로 해석해 '죽음을 앞둔 순간에 가장 화려하게 즐기는 것이 가능한가?' 하는 의문을 던진다. 시한부 선고를 받은 주인공은 먼저 죽은 아내를 추억하기 위해 그녀의 옷을 입고 벚꽃을 구경한다. 온 산에 흐드러지게 피어 있는 벚꽃, 그리고 떨어지는 꽃잎 아래에서 아내가 좋아하던 부토춤(그림자춤)을 추는 남자. 그의 인생도 흩날리는 꽃잎처럼 곧 지겠지. 그래서 춤사위가 더 눈물 나게 시리고 아름답다.

벚꽃은 피어 있는 모습이 화려해 일본에서는 매년 '꽃놀이(하나미)'를 즐길 정도다. 피어 있는 모습 못지않게 떨어지는 모습이 인상적인 꽃. 꽃잎이 유독 얇고 하나하나 흩날리듯 떨어져, 꽃비가 내리는 것 같은 착각마저 든다. 또 금세 활짝 피어 화려하게 물드나 싶다가 봄비가 내리면 잎만 푸르게 남는다. 잠깐 숨 돌리는 사이 사라져버리고 마는, 가장 아름다운 순간 느끼는 덧없음이랄까. 이렇듯 짧고 화려하기에 더욱 더 잊히지 않는 추억으로 남는 것이겠지.

벚꽃 바구니 가지꽂이

재료
벚꽃 1/2단, 흰색 옥시 3송이, 대나무 바구니 1개, 투명 유리잔 1개

1 바구니 안에 물을 채운 컵을 넣는다.

2 컵 안에 벚꽃 가지를 꽂는다. 위에서 바라볼 때 가지끼리 삼각형 모양으로 배치하면 자연스럽다. 이때 바구니의 틈새를 이용하면 가지를 고정하기 쉽다.

3 옥시를 가지 사이에 꽂아 풍성하게 표현한다.

히아신스

향기에 취하고 기다림에 취하고 햇볕이 따뜻한 휴일 오후면 거실에 편안히 누워 책을 읽는 호사를 누리고 싶다. 이때 호세 카레라스의 목소리까지 흘러나온다면 금상첨화. 특히 나는 오페라 〈카르멘〉에 나오는 '꽃노래'를 좋아한다. 듣고 있으면 마치 노래만큼이나 달콤한 히아신스 향이 나는 것 같다. 한두 송이만 피어도 방 안에 향기가 가득해지는 히아신스는 양파같이 생긴 구근에서 꽃대가 나와 파스텔톤의 화려한 꽃을 피워낸다. 마치 애벌레가 나비로 변하는 것만큼이나 상상할 수 없는 신비로움이 느껴진다.

히아신스는 꽃이 져도 구근을 잘 보관하면 다음 해에 또다시 향긋한 꽃을 선물한다. 꽤 오랜 시간 진한 향기와 함께 화려하게 피었다가 매해 새로운 만남을 기약하는 히아신스. 이 정도면 아름다운 목소리로 사랑을 속삭이는 호세 카레라스의 고백이 부럽지 않다. 사랑 고백은 한 순간이지만 히아신스는 내년에도 또 화려하게 필 것이라는 기대감을 주니까.

Hyacinth 유희, 겸손한 사랑

히아신스 호엽란꽂이

재료
흰색 히아신스 1송이, 호엽란 1/2단, 네모난 도자기, 플로럴폼 1/5 조각

1 화기 크기에 맞춰 플로럴폼을 잘라 화기 안에 넣는다.

2 플로럴폼을 감싸듯이 화기와 플로럴폼 사이에 호엽란을 끼워준다. 이때 플로럴폼이 보이지 않도록 촘촘하게 감는다.

3 호엽란 사이에 잘라 놓은 히아신스 꽃을 꽂는다.

히아신스 잘라서 연출하는 법
한 줄기에 많은 꽃이 달린 히아신스는 줄기와 꽃이 만나는 지점을 잘라 여러 개의 꽃으로 나눠 활용한다.

수선화

내면의 외로움에 대하여 두꺼운 껍질로 자신을 감싸고 있어 한없이 차갑게 느껴지는 그런 사람을 사랑한 적이 있다. 처음엔 겉으로 보이는 환한 미소를 좋아했지만 언뜻 비치는 그의 외로움이 전해져 더욱 가까워지고 싶었던 것 같다. 하지만 안타깝게도 그는 자신의 세계로 타인을 들인 경험이 없는 사람이었다. 내 오랜 두드림에 잠깐 열린 듯싶다가도, 기회만 있으면 이내 문을 닫고 자신만의 차가운 세계로 돌아가고 말았으니까.

자신 안에 갇혀 곁에 있는 사람들을 진심으로 마주볼 수 없는 사람은 얼마나 외로울까. 사람들로 인한 외로움은 결국 또 다른 사람으로 치유될 수 있다. 자신의 내면을 오래도록 들여다보다 결국 자신의 세계에 갇혀버리게 되었다는 이야기를 가진 수선화(나르시스)를 볼 때마다 참으로 외로워보였던 그가 떠오른다.

울지 마라. 외로우니까 사람이다.

살아간다는 것은 외로움을 견디는 일이다.

— 정호승, 〈수선화에게〉 중에서

수선화 호엽란 사이 꽂기

재료
노란색 수선화 3송이, 호엽란 1단, 코와니(알리움) 1송이, 투명 유리 화기(둥근 것) 1개

1 화기 안에 호엽란을 둥글게 말아 채운다.

2 호엽란과 화기 사이의 공간에 수선화 3송이를 모아 꽂는다. 줄기를 세워서 꽂을 때는 줄기 끝을 일자로 반듯하게 잘라야 잘 세워진다.

3 수선화의 대각선 부분에 코와니를 꽂아 균형을 맞춘다.

수선화의 줄기를 정리해 리본으로 살짝 묶기만 해도 미니 부케 완성! 줄기가 두껍기 때문에 일렬로 정리해야 줄기를 보호할 수 있다.

Tulip 사랑의 고백, 매혹, 영원한 애정, 명성

튤립

욕망의 또 다른 이름 네덜란드의 상징인 튤립의 원산지는 사실 터키다. 16세기 후반 유럽 전역으로 퍼졌는데 이색적인 모양이 관심을 모으며 귀족이나 대상인들 사이에서 크게 유행했다. 순식간에 귀족의 상징이 된 튤립은 신분 상승의 욕구를 지닌 사람들에게 인기가 높았고, 대유행을 따라 점점 가격이 치솟아 황소 천 마리를 팔아서 살 수 있는 튤립 구근이 겨우 40개 정도였다고 한다. 튤립만 있으면 벼락부자가 될 수 있다는 환상을 가진 사람들이 들면서 급기야 투기의 대상이 되기도 했다.

이처럼 부와 신분에 대한 사람들의 욕망은 한 송이 꽃을 황금보다 높은 가치

로 부르기도 한다. 그러나 결국 그 욕망은 한 송이 꽃이 결코 이루어줄 수 없 기에 허망한 마음으로 남을 뿐, 지금 우리 역시 튤립이 아닌 또 다른 무엇에 욕 망을 불어넣고 있지는 않은지.

몇 세기 전에는 황소 수백 마리를 팔아야 가질 수 있었던 꽃이라고 생각하니 튤립의 자태가 사뭇 고결하고 우아해 보이기까지 한다. 오늘 이렇게 쉽게 감상 할 수 있음에 감사하며……

튤립 유리컵꽂이

재료
분홍색 튤립 5송이, 분홍색 리시안셔스 3송이,
아이비 1줄기, 호엽란 2줄기, 투명 유리컵 1개

1 유리컵 안에 호엽란을 말아 넣고 물을 컵 높이의 1/2 정도 붓는다.

2 아이비 줄기 끝을 물에 꽂고 유리잔 밖으로 길게 늘어뜨린다.

3 튤립과 리시안셔스를 가지의 모양을 살려 호엽란 사이에 꽂는다. 이때 호엽란과 유리컵 사이의 공간을 활용해 고정한다.

폭이 좁고 긴 유리병에 튤립 한 송이를 꽂아 근사한 센터피스를 만들어 보자.

Reeves Spiraea 헛수고, 하찮은 일, 노련하다

조팝나무

헤이리의 솜사탕 거리 특이한 건축물이 아기자기하게 자리한 예술인 마을 헤이리는 많은 연인들에게 데이트 장소로 사랑받는 곳이다. 헤이리에 처음 몇 개의 건물이 들어설 때쯤 나 역시 데이트를 위해 그곳을 찾은 적이 있다. 당시 외곽을 따라 걷던 중 우연히 발견했는데, 도로 한쪽에 하얀 꽃이 활짝 피어 있던 조팝나무 거리를 지금도 잊을 수가 없다. 마치 다른 세계로 통하는 문을 발견한 것 같았달까.

조팝나무꽃이 만개하면 가지마다 주렁주렁 매달린 탐스러운 꽃다발 탓에 얇은 가지들이 한껏 휘어지는데, 그 모습이 보릿고개에 힘겨웠던 조상들 눈에는 동그란 곡식 이삭 같아서 조팝(이팝)이라 불렀다고 전해진다. 하지만 좋은 시절에 태어난 내 눈에는 그저 달콤한 솜사탕으로 보였다. 그래서 헤이리를 떠나기 전 그 거리에 '솜사탕 거리'라는 달콤한 이름을 붙여줬다.

올봄에도 여전히 그 거리에는 조팝꽃이 활짝 피어 있을까? 이번 주말 봄나들이는 조팝의 풍성함이 당신을 황홀경에 빠트릴, 헤이리의 솜사탕 거리를 찾아 나서보라.

조팝나무 바구니꽂이

재료
조팝나무 가지 3줄기, 노란색 프리지아 3송이,
피크닉용 대나무 바구니 1개, 유리컵 1개

1 바구니 안에 컵을 넣는다. 이때 컵에 물을 미리 채워 놓으면 물의 무게감으로 긴 가지의 중심을 잡기가 좋다.

2 조팝나무 가지가 세 방향으로 늘어지도록 컵에 꽂는다.

3 가지 가운데에 프리지아를 모아 꽂는다.

Ranunculus 매력, 매혹, 비난하다.

라넌큘러스

습지에서 태어난 화려한 꽃　동화 『개구리 왕자』는 마법에 걸린 개구리가 진심으로 사랑하는 사람에게 키스를 받은 후 멋진 왕자의 모습으로 돌아온다는 이야기다. 그런데 왜 하필 개구리였을까? 나라면 아무리 사랑해도 미끌미끌한 개구리에게 키스할 일은 쉽게 일어나지 않을 것 같다.

　개구리 왕자처럼 볼품없는 미나리 같은 줄기에서 장미처럼 화려한 꽃이 피는 식물이 있다. 바로 라넌큘러스. 이름도 개구리를 뜻하는 라틴어 '라이나'에서 유래했는데, 주로 연못이나 습지에서 자라기 때문에 붙여진 이름이라고 한다. 300장이 넘는 하늘하늘한 꽃잎이 둥글게 포개져 있어 얼핏 보면 장미로 착각하기 쉬운데, 겉모습은 습지가 아니라 볕이 잘 드는 정원에 피어 있을 것만 같다. 하지만 그 생김새만큼이나 다루기 어려운 꽃이라 습도가 맞지 않으면 쉽게 잎이 마르거나 시들어 버린다. 게다가 두꺼워 보이는 줄기는 속이 텅 비어 있어 꺾어지기 쉬우므로 살살 다뤄야 한다.

　빨간색과 주황색, 분홍색, 베이지색 등 화려한 색감의 탐스러운 라넌큘러스를 즐기고 싶다면, 미나리 같은 줄기의 모양새나 다루기 힘든 것쯤은 감수해야 하리라.

라넌큘러스 와이어 접시 데코

재료
분홍색 라넌큘러스 2송이, 자주색 알스트로메리아 1송이, 흰색 옥시 약간, 네모난 접시 1개, 은색 와이어 약간

1 와이어를 성글게 구부려 긴 타원 모양을 만든 다음, 접시 위에 올린다. 촘촘하게 구부릴수록 줄기를 지탱하기 쉽다.

2 접시에 물을 붓고 라넌큘러스를 각각 10cm, 5cm 길이로 잘라 한 송이씩 와이어 사이에 수직으로 꽂는다.

3 라넌큘러스 사이사이에 알스트로메리아와 옥시를 꽂아 장식한다. 이때 한 종류씩 번갈아가며 꽂아 리듬감 있게 배치한다.

화려한 라넌큘러스는 위에서 꽃잎을 바라보면 색다른 매력을 느낄 수 있다. 파스텔톤 화기에 줄기를 짧게 잘라 꽃을 띄워 보자.

옥시

별을 닮아 신비로운 꽃 "어머, 사인이 참 특이하시네요."
　카드 결제 후 서명을 할 때 가장 많이 듣는 이야기다. 중요한 계약서엔 이름 석 자를 반듯하게 쓰지만, 보통의 경우엔 좋아하는 기호인 별 모양을 꼭 그려 넣는다. 아주 어릴 적부터 별을 좋아했는데, 5개의 선만으로 완성할 수 있는 균형 잡힌 모습이 무척 마음에 들었기 때문이다. 완벽하고 아름다운 대칭형의 모서리들.
　이렇게 별을 좋아하는 내게 별을 꼭 닮은 꽃, 옥시는 마치 신께서 특별히 나를 위해 만들어 주신 것 같은 꽃이다. 앙증맞은 작은 별 모양의 옥시는 흰색과 하늘색이 있는데 색감이 연하고 잎이 풍성해서 어떤 꽃과도 자연스럽게 어울린다. 그래서 자주 옥시를 사용해 꽃을 디자인하곤 한다. 옥시를 빼놓고서는 꽃다발을 만들 수 없을 정도다. 특히 나이 어린 신부들의 귀여움을 한껏 표현해주기 때문에 부케에도 잘 어울린다. 만일 옥시가 세상에 없었다면 꽃다발의 발랄함은 대체 어떤 꽃이 표현할 수 있을까 싶다.

Oxypetalum 날카로움

옥시 엽란 컵꽂이

재료
하늘색 옥시 3송이, 엽란 1장, 라피아 1줄,
투명 유리컵 1개

1 유리컵의 겉면이 잘 가려지도록 엽란을 둥글게 말아 감싼다.

2 엽란을 고정시키기 위해 라피아로 유리컵 주위를 한번 돌린 후 매듭을 묶는다.

3 컵 안에 물을 1/2 가량 붓고 옥시를 꽂아 장식한다.

옥시 가지 자르기
옥시의 가지를 자르면 나오는 흰색 유즙은 무해하지만 물이 흐려지기 때문에, 가지를 자른 후엔 줄기 끝을 휴지로 닦거나 물로 살짝 닦아낸 후 물에 담그는 것이 좋다. 이때 자른 부분에 소금을 살짝 묻히면 물 올림에 도움이 된다.

Iris 좋은 소식, 잘 전해 주세요

아이리스

달콤한 키스의 향기 이탈리아에 아이리스라는 미인이 있었다. 명문 귀족 출신으로 착한 마음씨와 고귀한 성품을 지닌 그녀는 로마의 한 왕자와 결혼을 했지만 얼마 지나지 않아 왕자가 병으로 죽고 만다. 홀로 된 아이리스는 청혼을 하는 사람이 많았으나, 그 누구에게도 응하지 않고 항상 푸른 하늘만 마음속으로 동경하며 지냈다. 그러던 어느 날, 산책길에 젊은 화가를 만났고 그 역시도 아이리스를 사랑하게 된다. 화가는 열심히 청혼을 했고, 결국 화가의 열정에 감동한 아이리스는 다음과 같은 조건을 제시했다.

"살아 있는 것과 똑같은 꽃을 그려 주세요."

화가는 온 열정을 다해 그림을 그렸고, 아이리스는 그림을 본 순간 그 아름다운 자태에 감동했다. 하지만 이내 "이 그림에는 향기가 없네요." 하고 실망스런 탄성을 내쉬었다. 그때였다. 어디선가 노랑나비 한 마리가 날아와 그림에 살포시 내려앉더니, 날개를 차분히 접고 꽃에 키스를 하는 것이 아닌가. 그 순간 아이리스는 감격에 차 눈을 반짝이면서 화가에게 키스를 했다. 이후 푸른 하늘빛의 꽃, 아이리스는 그들이 처음 나누었던 키스의 향기를 그대로 간직해 지금도 꽃이 필 때면 은은하고 그윽한 향기를 풍긴다고 한다.

아이리스 잡지 액자

재료
파란색 아이리스 1송이, 잡지 2장, 티슈, 호일

1 아이리스 줄기 끝에 물처리를 하기 위해 물에 젖은 티슈를 먼저 줄기에 감고, 물이 새지 않도록 호일로 다시 한번 감아준다.

2 미리 준비해 둔 잡지 액자에 물처리한 아이리스를 꽂는다.

잡지 액자 만들기
마음에 드는 잡지 2장을 잘라낸 후, 포개어 붙인다. 이때 꽃을 꽂을 수 있도록 약간 두꺼운 잡지가 좋고, 아래쪽에 포개어 디자인하는 것이 좋다. 붙인 부분에 칼집을 내면 완성!

패랭이꽃

작은 생명, 큰 행복 매일 5잔을 넘게 마실 정도로 커피를 좋아하는 친구가 있다. 그런데 1년 넘게 커피를 단 한 모금도 입에 대지 않았다. 그녀가 그렇게 좋아하는 커피를 마다한 이유는 바로 아이를 가졌기 때문이다. 한 잔 정도는 괜찮다고 권해도 단호한 말투로 거절해 버리던 그녀. 엄마의 힘은 정말 놀랍다는 사실을 새삼 느끼게 만든다.

갓 100일을 넘긴 그녀의 아이와 그녀를 만나러 가는 날. "좋아하는 걸 사갈 테니 뭐가 제일 먹고 싶니?" 하고 묻자, 말이 채 끝나기도 전에 기다렸다는 듯 외친다. "커피!"

애타게 기다리고 있을 그녀를 위해 카페라떼 한 잔을 사고, 커피 홀더 한쪽에는 그녀의 작은 천사에게 어울리는 패랭이꽃으로 테이크아웃 꽃다발을 만들어 담았다. 이렇게 작은 꽃에도 있어야 할 모든 것들이 오밀조밀 완벽하게 갖춰져 있다는 것이 그저 경이로울 따름이다. 그녀의 작은 천사도 모든 것을 다 갖추고 태어난 온전한 하나의 생명이겠지. 친구에게 커피와는 비교되지 않는 큰 행복을 가져다 준 작은 생명을 만나러 가는 길이 마냥 설렌다.

Dianthus Chinesis 순결한 사랑, 재능, 거절

패랭이꽃 테이크아웃 커피

재료

패랭이꽃 1/2단, 코와니 1/2단, 테이크아웃용 플라스틱 커피잔과 홀더 1개, 플로럴폼 1/2 조각

1 물에 적신 플로럴폼을 커피잔 크기에 맞게 잘라 넣는다.

2 플로럴폼의 뒷면과 둘레 부분에 코와니를 낮게 꽂는다.

3 가운데와 앞면에 패랭이꽃을 조금 높게 꽂아 강조한다. 전체적으로 동그란 꽃다발 모양이 되도록 다듬는다.

한두 송이만 짧게 잘라 작은 유리병에 꽂아 놓아도 테이블 위가 환하게 밝아진다. 앙증맞은 크기의 꽃은 작은 유리병이 제격!

따뜻한 바람이 솔솔 불어오면 겨우내 잠자고 있던 구근식물이 새초롬한 싹을 피워냅니다.
양파처럼 생긴 뿌리에서 과연 어떤 꽃이 필까요? 봄을 기다리는 것만큼 설레이네요.

봄을 닮은
구근식물 키우기

무스카리(Muscari)
히아신스의 근연종으로 그레이프 히아신스(grape-hyacinth)라고도 한다. 종모양의 작은 보라색 꽃이 핀다.

시클라멘(Cyclamem)
11월부터 이듬해 4월까지, 즉 겨울부터 봄까지 긴 시간 꽃이 피며 대표적인 공기정화 식물이다.

크로커스(Crocus)
약이나 염료로도 사용하며, 가을에 피는 꽃은 사프란(saffron)이라고도 한다.

히아신스(hyacinth)
발칸 반도와 터키가 원산지이며 가을에 알뿌리를 심고 봄에 개화한다. 향기와 빛깔이 매우 뛰어나 절화나 수경 재배로 인기가 높다.

수선화(Narcissus)
'설중화'라고도 하며, 연못 속에 비친 스스로에게 반해 물에 빠져 죽은 나르시스로부터 따온 이름이다.

PART 2
Summer

뜨거운 열정을 닮은 여름꽃들

Red rose 불타는 사랑, 사랑의 비밀, 아름다움

빨간 장미

비 오는 수요일엔 빨간 장미를   여름의 뜨거운 열기가 한창이던 어느 수요일, 아침부터 시원한 비가 내렸다. 출근 후 습관처럼 들른 한 친구의 블로그에 로맨틱한 새 글이 눈에 띈다.

'비오는 수요일에는 빨간 장미를!'

감정의 기복이 크게 없는 평온한 성격이라 쿨한 남자친구처럼 느껴지던 그녀의 블로그에 초여름 같은 감성적인 글이 올라오다니, 분명 오늘 해는 서쪽에서 뜬 게 틀림없다. 자초지종을 들어보니 최근 연애를 시작한 그녀의 남자친구가 회사로 빨간 장미 한 박스를 보내왔단다. 깜짝 선물의 이유는 어느 노래 가사처럼 단지 '비 오는 수요일' 이기 때문이라고.

낭만파 남자친구의 적극적인 구애는 꽁꽁 언 땅을 녹이듯 평생 독신으로 지낼 것만 같던 그녀의 마음을 녹였고, 둘은 곧 결혼에 골인했다. 물론 요즘도 그는 비 오는 수요일이면 그녀에게 빨간 장미를 보낸단다. 만인의 러브 메신저이자 정열의 상징인 빨간 장미는 모든 여자의 마음을 한없이 말랑거리게 하는 요술지팡이인가 보다.

장미 2단 케이크

재료
빨간 장미 12송이, 흰색 양초 1개, 플로럴폼 1개, 크림색 리본(너비 5cm), 핀 3개, 흰색 접시 1개

1 플로럴폼의 1/3 지점을 잘라 크기가 다른 2조각으로 나눈다.

2 각 조각을 동그랗게 원형으로 다듬어 접시 위에 케이크 모양으로 포개어 놓는다.

3 크림색 리본으로 케이크의 둘레를 감아 핀으로 고정한다.

4 위층 중간에 초를 꽂고 남은 면은 짧게 자른 장미로 빈틈없이 채운다. 이때 45도 각도로 꽂으면 앞에서 볼 때 더욱 아름다워 보인다.

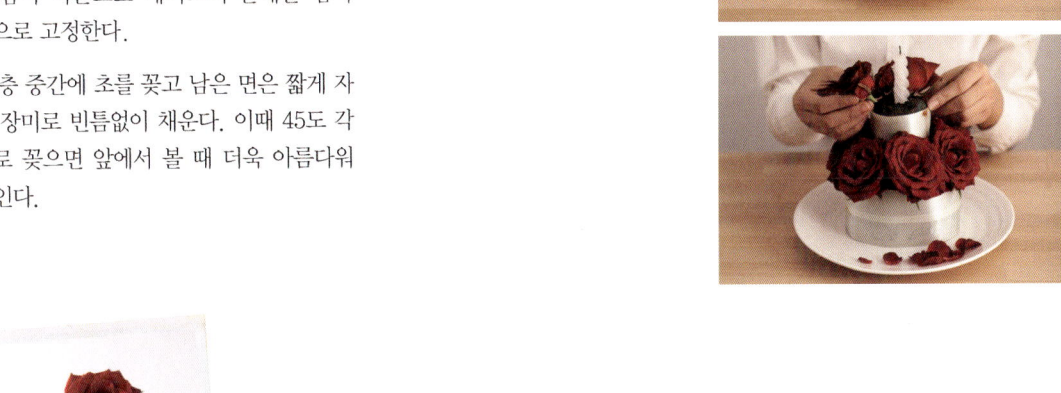

조각 케이크에 장미 한 송이를 올려 화려한 케이크로 변신시켜 보자. 단, 케이크가 손상되지 않도록 줄기의 끝은 은박지로 쌀 것!

라일락

달콤한 첫사랑의 추억   초등학교 시절, 매년 초여름이면 옆집 담에는 탐스러운 라일락이 한가득 피곤했다. 유년 시절의 기억 가운데 아직까지 그 시절의 라일락향이 강렬하게 남아 있는 이유는 옆집에 살던 오빠를 향한 짝사랑 탓이다. 매일 그 집 앞을 지날 때마다 행여나 마주칠까 기대하며 천천히 걷곤 했는데, 정작 기다리는 사람은 나타나질 않고 담벼락의 라일락 향기만 흠뻑 맡고 돌아오기 일쑤였다.

생각해보면 항상 나이에 비해 조숙했는데 왜 여전히 연애는 서툴기만 한 건지. 어쩌면 그때 라일락 향기에 몽롱해지기만 할 것이 아니라 어떻게든 말이라도 걸어봤다면 지금쯤 연애의 달인이 되었을지도 모를 텐데……

라일락의 품종 중에 'Miss Kim'이라는 이름을 가진 꽃이 있다. 기존의 꽃보다 향기가 매우 강한 품종인데 혹시 이루지 못한 첫사랑을 그리워하던 김씨 성을 가진 여성이 만든 꽃은 아닐까 생각해 본다. 매년 봄 라일락향이 코끝을 간질일 때면 나 역시 첫사랑을 떠올리곤 한다.

Lilac 첫사랑, 젊은 날의 추억

라일락 밥공기 데코

재료
라일락 3송이, 흰색 옥시 3송이, 하늘색 밥공기 1개

1 밥공기에 물을 붓고 라일락을 밥공기 높이로 잘라 둘레를 따라 기대어 꽂는다.
2 라일락 사이에 옥시를 짧게 꽂는다. 전체적으로 밥공기의 모양과 연결되도록 꽂는 것이 소담스러운 느낌을 준다.

넓은 밥공기에 꽂기
밥공기의 둘레에 살며시 꽃을 기울여 꽂아보자. 꽉 채우는 것보다 살짝 둘레에 얹은 느낌이 더 자연스럽다.

Lisianthus 변치 않는 사랑

리시안셔스

더불어 아름다운 꽃   내게 가장 좋아하는 꽃을 묻는다면 단연 리시안셔스다. 리시안셔스는 장미만큼이나 널리 사용되는 꽃으로 모습도 향기도 은은해서 여러 꽃들과 함께 디자인한다. '변치 않는 사랑'이라는 꽃말답게 부케나 연인에게 선물하는 꽃다발에도 자주 사용되는데, 이렇듯 쉽게 접할 수 있음에도 불구하고 그 이름을 아는 사람은 많지 않다.

하늘거리는 꽃잎은 겹과 홑의 2종류가 있지만 모두 단정한 모습이고, 봉오리를 포함해 여러 송이가 풍성하게 달리며 그 줄기는 가늘지만 단단하다. 그래서 어떤 꽃과 함께해도 어색하지 않고 자연스럽게 품위를 더해준다. 특히 화려한 꽃과 함께 디자인하면 더욱 반짝이도록 도와주는 훌륭한 조연이 된다.

모든 꽃이 저마다의 아름다움을 가지고 있지만 모두 다 주인공이라면 여러 꽃이 어우러져 보기 좋은 꽃다발을 만들 수는 없으리라. 자연에 피어 있는 꽃들은 서로 조화롭게 자신의 위치에 있어 더불어 아름답게 느껴진다. 홀로 있을 때보다 함께 있을 때 더 돋보이는 리시안셔스처럼 나 역시 주변 사람들을 더욱 빛나게 하는 사람이면 좋겠다.

리시안셔스 티포트에 꽂기

재료
분홍색 리시안셔스 3송이, 아이비 잎 큰 것 5장, 투명 티포트 1개, 양면 테이프

1 아이비 잎 뒷면에 양면 테이프를 붙인다.

2 티포트 옆면에 아이비 잎을 붙여 장식하고 물을 붓는다. 이때 지그재그 모양으로 붙이면 귀엽고 자연스럽다.

3 잎을 잘 정리한 리시안셔스를 티포트의 뚜껑 부분에 꽂고, 뚜껑을 닫아 고정시켜 준다.

4 봉오리 모양의 꽃과 활짝 핀 꽃을 길게 잘라 티포트의 입구 부분에 함께 꽂는다.

델피니움

  나만의 돌고래 시간 델피니움은 그리스어 'delphin(돌고래)'에서 유래한 것으로 꽃봉오리가 돌고래와 비슷하다고 해서 붙여진 이름이다. 다카하시 아유무의 『Love & free』에 '돌고래 시간'이라는 표현이 있다. 언제나 평온한 돌고래처럼 살아가기 위해 마음을 정화할 수 있는 일상의 공백이라는 의미다. 이러한 명상의 시간은 잠시 쉬어 가는 삶의 쉼표이자, 삶의 방향성을 되짚어 볼 수 있는 여백이 된다.

  다카하시 아유무가 자신의 돌고래 시간을 고층 빌딩의 카페에서 향기로운 커피를 마시는 것으로 찾았다면, 나는 꽃을 만나는 시간에서 그 답을 찾았다. 꽃을 바라보면서 저마다 숨겨진 매력을 찾는다. 그리고 꽃을 다듬고 그 꽃에 어울리는 화기를 찾기 위해 대화를 한다. 그 과정에서 오히려 꽃이 아닌 내 자신과 대화하며 스스로를 치유하게 되는 것 같다. 이것이 나의 명상법, 나만의 '돌고래 시간'이다.

  삶이 힘겹거나 어디론가 떠밀려가고 있다고 느낄 때, 돌고래를 닮은 델피니움과 대화를 나눠보자. 당신만의 돌고래 시간법을 알려줄지도 모르니까.

Delphinium 왜 당신은 나를 싫어합니까, 쉽게 변함, 위엄, 당신은 나의 영웅, 제 마음을 헤아려주세요, 거만, 청명, 자비심

델피니움 접시 겹쳐 꽂기

재료
델피니움 1줄기, 버플륨 약간, 크기가 다른 접시 2개

1 크기가 다른 접시 2개를 포개어 놓고 아래에 놓인 접시에 물을 담는다. 약간 깊이가 있는 것이 좋다.

2 아래 접시와 위 접시 사이의 공간에 간격을 두고 버플륨을 꽂는다.

3 나머지 공간에 짧게 자른 델피니움을 꽂는다.

델피니움 잘라서 연출하는 법
델피니움은 하나의 대에 올망졸망한 꽃이 20개 정도 촘촘하게 붙어 있어 이와 같이 잘라 여러 송이로 나누어 활용한다.

짧게 자른 델피니움을 유리로 된 샤베트잔에 물을 담아 얼음처럼 띄워 놓으면 시원한 분위기를 연출할 수 있다.

Paeony 수줍음

작약

새로운 시작을 축하하며 일로 만나 친구가 된 E가 남미 여행에서 돌아왔다. 그녀는 1년 전쯤, 지금이 아니면 영영 못 갈 것 같다며 잘 다니던 회사를 그만두고 여행을 떠났다. 만날 때마다 엉뚱한 소식을 전하는 친구라 이번엔 어떤 이야기를 들려줄지 내내 궁금했다. 그런 그녀가 결혼 소식을 알렸다. 틀에 맞춰 사는 안정적인 모습과는 도무지 어울리지 않는 그녀가 결혼이라니.

얼떨떨해 하는 내게 그녀는 자신과 꼭 맞는 부케를 부탁한다. 자유분방한 그녀에게 어울리는 꽃이라, 말할 것도 없이 작약이다. 가장 크고, 가장 화려하고, 자신만의 색채가 분명한 꽃, 작약. 귀엽고 연한 핑크색부터 농염하고 진한 붉은색까지 여러 종류가 있어서 나이나 피부색, 취향에 맞춰 다양한 분위기를 연출할 수 있기 때문에 결혼식의 주인공인 신부에게 더 없이 잘 어울리는 꽃이다.

전혀 다른 인생으로의 여행을 떠나는 그녀에겐 어떤 작약이 좋을까? 둘이 함께 만들어갈 인생의 첫 시작이니만큼, 서로의 색을 물들일 수 있도록 크림색 작약을 선택했다. 자신의 색깔에 상대가 묻히기보다는 서로의 색을 배려하며 두 사람만의 새로운 색을 찾아가기를…….

작약 부케 만들기

재료
붉은색 작약 5송이, 더스티밀러 1단, 크림색 리본
(너비 3cm), 핀 1개, 플로럴 테이프

1 작약과 더스티밀러를 부케 사이즈 길이
 (20cm)로 정리한다.

2 작약 사이에 더스티 밀러를 함께 넣어 볼
 륨감을 살리면서 꽃다발을 만든다. 이때
 부케 줄기는 한쪽 방향으로 돌려 감고 동
 그란 모양이 되도록 꽃을 채운다.

3 플로럴 테이프로 전체 줄기를 감아 고정
 하고, 크림색 리본으로 다시 한번 줄기를
 감은 후 핀으로 고정한다.

고풍스러운 작약은 도자기와도 근사하게 잘
어울린다.

Yellow Rose 완벽한 성취, 질투, 시기, 영원한 사랑, 변치 않는 우정

노란 장미

변하지 않는 사랑 〈장미 없는 꽃집〉, 아이를 낳다 세상을 떠난 첫사랑의 여인을 떠올리며, 그녀의 꿈을 위해 꽃집을 운영하는 남자의 이야기를 담은 일본 드라마다. 그런데 왜 이 꽃집에는 장미가 없는 것일까?

장미는 가장 아름다운 꽃이지만, 온 몸에 가시가 있어 쉽게 접근하기 어렵다. 모든 사람들은 저마다 자신만의 가시를 가지고 있어 상대방과 적당한 거리를 유지하지 않으면 상처를 주기도 한다. 하지만 그런 과정을 거치고 나면 오히려 더욱 가깝게 다가설 수 있다. 아름다운 겉모습만 취하려 한다면 그 사람을 진심으로 이해하고, 사랑한다고 할 수 없다. 어떻게 보면 장미의 가시는 가장 소중한 사람을 가려낼 수 있는 불가결한 장치인 것 같다.

> 내 꿈은 말이야. 꽃, 방에 꽃을 장식하는 거야.
> 너와 나, 그리고 너와 나의 아이, 언제나 가까이에 꽃을 두는 거야.
> 봄에는 제비꽃, 여름에는 해바라기, 가을에는 음…….
> 기념일에는 반드시 장미꽃을, 그리고 변하지 않는 사랑을 맹세하는 거야..
> – 〈장미 없는 꽃집〉 여주인공의 독백 중에서

장미꽃 도시락 만들기

재료

노란색 장미 3송이, 흰색 미니 장미 3송이, 녹색 퐁퐁소국 약간, 진분홍색 히아신스 1송이, 보라색 아네모네 5송이, 엽란 4장, 네모난 상자 1개, 플로럴폼 2개

1 도시락 크기에 맞춰 자른 플로럴폼 2개를 상자에 채워 넣는다.

2 플로럴폼에 사각형 모양의 칼집을 낸 후, 반으로 접은 엽란을 꽂아서 구역을 5개로 나눈다.

3 각 구역에 한 가지씩 꽃을 모아서 꽂는다. 이때 옆에서 보았을 때 전체적으로 높이가 일정하도록 꽂는다.

Gerbera 신비, 수수께끼

거베라

습관을 다듬는 일 나중에 커서 어떤 사람이 되고 싶냐고 물으면 많은 아이들이 '훌륭한 사람'이라고 대답을 한다. 훌륭한 사람이란 과연 어떤 사람일까? 나는 바른 생각을 키워 좋은 취향을 가진 사람이라고 생각한다. 좋은 취향을 가지려면 폭 넓고 깊은 배움도 중요하지만 자신의 습관을 다스리는 것이 무엇보다 중요하다. 올바른 습관을 갖는 것이 배움을 채우는 것보다 더 어렵기 때문이다. 습관을 다듬는 일은 꽤 힘겨운 노력을 필요로 한다. 때로는 많은 아픔을 감수해야 할 때도 있다.

유난히 색이 선명해 화환에 많이 사용하는 꽃, 거베라는 꽃의 형태를 유지하고 수송을 편리하게 하기 위해 줄기에 철사를 꽂아 테이핑을 하고 꽃잎에는 플라스틱 캡을 씌운다. 하지만 꽃도 살아 있는 존재인데, 그 과정이 얼마나 아프고 힘겨울까? 모든 과정을 견뎌낸 거베라는 얼굴에 상처 하나 없이 빳빳하게 고개를 든 반듯하고 선명한 모습이다. 이 모습을 보여주려고 힘겨운 시간을 이겨냈다고 생각하니 참 대견하고 어른스럽다. 줄기에 박혀 있는 철사와 꽃잎을 받치고 있는 플라스틱 캡을 벗겨주며 이제는 활짝 피어 편히 쉬기를 바래본다.

거베라 테이블 센터피스

재료
색깔별 미니 거베라 3송이, 레몬 잎 3장,
납작하고 긴 흰색 접시 1개

1 긴 화기에 일정한 간격을 두고 레몬 잎을 비스듬히 놓는다. 이때 잎의 방향이 한쪽으로 향하도록 해 통일감을 준다.

2 레몬 잎 위에 짧게 자른 거베라를 색깔별로 올려 넣는다.

거베라 다듬기
먼저 거베라 꽃잎을 받치고 있는 플라스틱 캡을 벗긴 후, 줄기의 철사를 제거한다. 꽃잎을 손바닥으로 위에서 눌러 활짝 벌려주면 동그란 꽃이 더 탐스러워진다.

해바라기

지상 최고의 건축물 몇 년 전 도쿄 여행에서 소문난 와플집을 찾아 거리를 헤매고 있을 때였다. 책에서 눈을 떼지 못하고 목적지를 향해 걷고 있는데 거리 한복판에 200평 남짓 거대한 해바라기밭이 나타났다. 제법 번화가인데도 아무런 울타리 없이 화단 가득 빽빽하게 해바라기가 들어 차 있었다. 누군가의 노력임이 분명할 텐데 아무런 생색도 내지 않고 조용히 꽃만 지천으로 피어 있다.

해가 움직이는 대로 고개를 움직여 오로지 해만 바라보는 해바라기, 한낮이

Sunflower 숭배, 기다림

　라 몇백 송이는 족히 되어 보이는 해바라기들이 일제히 하늘을 향해 고개를 들고 서 있었다. 그 모습이 마치 위풍당당한 성전의 모습과도 같았다. 복잡하고 번화한 주변과는 완벽히 구분된 새로운 공간의 느낌. 마치 해바라기들을 지키려고 건물들이 자리 잡고 있는 것 같은 성스러움이 느껴졌다.
　여타 도시나 거리와 별다를 것 없는 곳이었지만 해바라기들로 인해 특별한 공간이 된 것이다. 이렇듯 꽃은 그 존재감만으로도 훌륭한 건축물이 된다. 그 어떤 창작물보다 큰 경이로움을 주는 것이 생명이듯이.

해바라기 와인 잔꽂이

재료
미니 해바라기 3송이, 흰색 조약돌 30개,
와인 잔 1개

1 해바라기 3송이를 각각 다른 길이로 겹쳐 포갠 후 와인 잔 2배 길이로 자른다.

2 와인 잔에 조약돌을 조금 넣고 해바라기를 가운데에 세운다.

3 해바라기 줄기를 한 손으로 잡고, 남은 조약돌을 모두 넣어 튼튼하게 지지해준다.

해바라기 고르기
피어 있지 않은 해바라기를 골라야 오랫동안 볼 수 있다. 피어 있다면 이미 시든 것! 또한 해바라기 가운데에 알알이 박힌 씨를 땅에 심으면 싹이 난다.

목이 긴 병에 해바라기 한 송이를 꽂아 늦여름의 정취를 흠뻑 즐겨 보자.

아마릴리스

여배우의 기쁨과 슬픔 아마릴리스는 크고 화려해서 어떤 꽃과 섞여 있어도 눈에 확 띈다. 그래서 다른 꽃과 함께 디자인하기 어려워 한 송이만 강조해 사용하는 경우가 많다. 한 송이만으로도 시선을 집중시키는 꽃, 마치 모두의 시선을 사로잡는 아름다운 여배우 같다.

하지만 겉으로 강해 보이는 사람일수록 약한 내면을 지닌 것처럼, 아마릴리스도 화려한 만큼 쓸쓸함을 자아내는 꽃이다. 조금만 상해도 확연히 눈에 띄어 쉽게 버려지고, 주로 홀로 디자인 되기 때문에 다른 꽃의 도움 없이 혼자만의 아름다움으로 승부해야만 한다. 게다가 두꺼운 줄기의 속은 텅 비어 있어 튼튼해 보이는 외관과는 달리, 줄기 안에 밀짚이나 와이어를 넣어 보완해야 당당히 서 있을 수 있다. 수많은 사람들의 도움으로 여배우가 더욱 아름답게 돋보이는 것처럼 말이다.

이렇듯 겉모습이 내면의 모습까지 전부 드러내주지는 못하는 법. 그래서일까? 아마릴리스는 의외로 향이 약한 편이다. 하지만 어떤 꽃과도 비교할 수 없는 강렬한 아름다움을 가진 아마릴리스가 무척이나 부럽다.

Amaryllis 자랑, 수다쟁이, 은은한 아름다움, 인공적, 침묵

아마릴리스 비닐백 데코

재료
아마릴리스 1송이, 투명 비닐백 1개

1 투명 비닐백에 아마릴리스를 대각선 방향으로 꽂는다.
2 비닐백에 1/4 가량의 물을 붓고 벽에 걸면 완성.

> **비닐백 걸기**
> 옷걸이나 문고리에 비닐백 장식을 걸어두는 것만으로도 별다른 화기 없이 근사하게 꽃을 장식할 수 있다. 이때 줄기가 길고 꽃송이가 큰 꽃을 선택하면 좋다.

여름에 어울리는 그린 소재들

유난히 시원한 그늘이 그리워지는 더운 여름, 싱그러운 녹색을 바라보는 것만으로도 상쾌해지는 기분입니다. 여름엔 그린 소재를 사용해보세요.

그린 소재 리스 만들기 TIP

같은 소재끼리 한데 모아 꽂는다. 모든 방향에서 풍성한 느낌을 느낄 수 있도록 전체 표면에 촘촘하게 꽂는 것이 포인트.

PART 3
Autumn
여유와 운치를 더하는 가을꽃들

아네모네

이별의 말들 기대, 기다림, 사랑의 괴로움, 허무한 사랑, 이룰 수 없는 사랑, 사랑의 쓴맛.

제 곁에 있어 줘서 고마웠어요. 당신을 사랑하니까 저의 모든 것을 드릴게요. 나는 당신을 영원히 사랑할 거예요. 비록 당신이 날 사랑하지 않더라도 전 당신을 사랑합니다.

이 모든 말들이 아네모네가 가지고 있는 꽃말이다. 가장 많은 꽃말을 가진 꽃인 만큼 전해오는 이야기도, 구슬픈 사연도 많은 꽃. 아네모네의 꽃말들을 가만히 들여다보면 모두 이별 후에 느끼는 안타까운 심정을 담고 있는 것 같다. 아무리 여러 말로 곱씹어 보아도, 결국 모든 이별은 슬프기 마련이다. 그래서 나는 아네모네를 볼 때마다 눈물이 난다.

Anemone 배신, 속절 없는 사랑

아네모네 생수병 모아 꽂기

재료

흰색과 보라색 아네모네 각 3송이, 하늘색 옥시 약간, 레몬 잎 10개, 생수병 3개, 고무줄 1개, 분홍색과 보라색 리본(너비 0.5cm), 양면 테이프

1 빈 생수병 3개를 모아 고무줄로 묶어 고정하고 물을 담는다.

2 병의 겉면에 양면 테이프를 이용해 레몬 잎을 붙이고 리본으로 묶는다.

3 아네모네와 옥시를 3개의 생수병에 나누어 꽂는다.

아네모네의 색과 어울리는 갈색 유리 화기에 모아 꽂아 더욱 생동감 있게 연출해보자.

Lily 순결, 변함 없는 사랑

백합

행운을 나누다 아담한 카키색 텐트까지 준비한 친구 덕에 모처럼 캠핑을 즐겼다. 하지만 특별히 놀거리가 없는 자연에서 할 수 있는 일이라곤 먹거리를 만드는 일과 나무를 구하는 일, 그리고 불을 피우는 일뿐이었다. 사실 놀거리가 없는 것이 아니라 즐길 줄 몰랐던 것이리라.

심심함을 달래기 위해 나뭇가지를 주우러 배회하고 있을 때였다. 배추를 다 뽑고 난 후라 시든 잎들만 수북한 밭 한쪽에 백합꽃들이 피어 있는 것이 아닌가. 몇 송이 꺾어 나뭇가지와 함께 가져와 물 컵에 담아 두었더니, 적적했던 텐트가 몰라 보게 밝아졌다. 옆 텐트 사람들은 부러움의 눈길마저 던진다. 겨우 꽃 몇 송이인데도 사람들은 넋을 잃고 바라보았다.

그렇게 꽃을 즐기며 별을 보다 보니 어느새 떠나야 할 시간. 자리를 정리한 다음, 모아둔 나뭇가지들을 다음 사람들을 위해 쌓아두고 그 위에 정들었던 백합컵을 올려뒀다. "이 자리는 행운의 자리입니다."라는 쪽지와 함께. 꽃으로 멋을 낸 야외 식탁에서 밥을 먹고, 밤새도록 불을 피우며 별을 구경하는, 그런 삶의 쉼표가 간절한 요즘이다. 그날을 떠올리며 백합으로나마 위로를 삼아본다.

백합 리본 화기 데코

재료
백합 3송이, 네모 난 갈색 유리 화기 1개, 양면 테이프, 투명 테이프, 자주색 리본(너비 1.5cm)

1 리본을 화기에 열십자(+) 모양으로 두르고 아랫면을 양면 테이프로 고정한다.

2 화기 윗면의 리본이 없는 공간에 투명 테이프를 붙여 공간을 나누어 준다.

3 화기에 물을 붓고 테이프와 리본 사이의 공간에 백합을 꽂는다. 이때 보이는 앞쪽 부분에 집중해서 꽂는다.

> **백합을 사용할 때 주의할 점**
> 백합의 수술은 꽃잎이나 옷을 오염시키고 쉽게 얼룩이 지워지지 않으므로, 수술의 머리는 반드시 제거해야 한다.

Chrysanthemum 밝은 마음, 고상, 실연
흰색:성실, 진실 **노란색**:실망 **빨간색**:나는 당신을 사랑합니다

소국

아름다운 처방전 최근 식물을 활용한 치료법들이 화제가 되고 있다. 베란다에서 채소를 기르거나 꽃을 가꾸는 등 식물을 가까이 해 얻는 치료 효과가 상당하다고 한다. 얼마 전 텔레비전에서 알코올과 마약 중독이었던 한 남자의 다큐멘터리가 방송되었다. 절대 헤어나지 못할 것 같던 그를 구원한 것은 바로 꽃이었다. 그는 작은 씨앗에서 새싹이 돋고, 잎이 자라나 꽃이 피고, 마침내 꽃이 지고 열매가 맺는 과정을 지켜보며 새로운 인생을 시작할 수 있는 용기를 얻었다고 고백했다. 이처럼 작은 식물에도 생명의 경이로움이 담겨 있다.

이러한 간접 효과 말고도 직접적으로 치료에 도움을 주는 꽃들이 있다. 특히 사시사철 흔히 접할 수 있는 소국은 입 냄새, 비염, 고혈압, 저혈압, 불면증, 두근거림, 피로회복 등에 탁월한 효과가 있다. 그저 집에 소국을 꽂아놓는 것만으로도 각종 질병을 예방하는 효과가 있다고 하니, 꽃이 주는 아름다움은 오히려 덤이다. 소국 한 송이를 거실에 놓아두면 어떨까? 꽃의 아름다움을 즐기는 사이 우리 몸에 있는 가벼운 질환 하나쯤은 거뜬히 치료될 것이다.

소국 리스 만들기

재료
흰색 · 노란색 · 빨간색 소국 각각 1/2단, 리스 모양 플로럴폼 1개, 호엽란 1단, 핀 10개

1 리스의 옆면을 호엽란으로 감아 핀으로 고정한다(옆면까지 꽃을 꽂으면 무거워 보일 뿐 아니라, 꽃이 2배로 필요하다).

2 같은 색깔의 꽃끼리 뭉쳐 위에서 볼 때 삼각형 모양으로 꽂는다. 이때 꽃은 3cm 길이로 짧게 잘라 사용한다.

3 나머지도 같은 색깔의 꽃끼리 플로럴폼의 남은 면이 보이지 않도록 촘촘히 꽂는다.

입구가 좁은 병에 소국 몇 송이를 짧게 꽂아 가을의 정취를 느껴 보자.

Cosmos 소녀의 순결, 순정

코스모스

수줍게 전하는 마음 나쓰메 소세키의 소설 『마음』에는 주인공이 동경하는 선생님이 처음으로 사랑했던, 하숙집 딸에 관한 에피소드가 나온다. 홀로 하숙을 하던 그는 매일 자신의 방 한구석에 싱싱하게 꽂혀 있는 꽃을 발견한다. 솜씨가 서툴고 촌스러워서 눈을 돌리다가도 언젠가부터 신경을 쓰게 되고 결국 하숙집 딸의 소행임을 알게 된 그는 어느새 그녀와 사랑에 빠지게 된다.

도쿄 근처 한적한 마을의 한 하숙집, 그곳에 새로 온 대학생을 좋아하는 같은 나이 또래의 여학생. 그녀는 자신의 마음을 꽃에 담아 매일 조금씩 표현한다. 내 마음을 알아달라고 정면으로 마주하는 것이 아니라 그저 조용히 알아채주기를 기다린다. 이 얼마나 세련되고 낭만적인 고백의 방식인가. 분명 그녀는 담벼락에 피어 있는 코스모스를 자주 꽂았을 것이다. 한없이 가늘고 여성스럽지만, 해바라기를 닮아 하염없이 한 방향을 바라보는 꽃, 코스모스. 길가를 스치는 산들 바람에도 크게 흔들리지만 쉽게 꺾이지 않는 코스모스. 그녀의 조심스런 첫사랑과 많이도 닮아 있다. 바라보는 이의 마음을 오래도록 지배하는 코스모스의 꽃말은 다름 아닌 '소녀의 순결'과 '순정'이다.

코스모스 천가방에 담기

재료
코스모스 1단, 아게라툼 1/2단, 천가방 1개,
유리병 1개

1 천가방 안에 물을 담은 유리병을 넣고 유리병이 보이지 않도록 천가방 입구를 조여준다.

2 코스모스를 사방으로 펼쳐 꽂아 최대한 자연의 모습을 그대로 살린다.

3 중간 지점에 아게라툼을 꽂아 생동감을 더해준다.

천가방 꽃 장식
어떤 종류의 천가방이라도 그 안에 유리병이나 유리컵을 넣어 멋진 화기로 변신시킬 수 있다. 야외에서 쉽게 볼 수 있는 꽃들로 장식하면 더 잘 어울린다.

수국

변덕과 진심 연애할 때 가장 어려운 일 중 하나가 사랑하는 사람과 멀리 떨어져 있어야 할 때다. 서로 사랑하는 모습이 너무 예뻐 내가 부러워하는 커플 중 하나도 그런 사랑앓이를 했다. 두 사람은 함께한 시간보다 떨어져 지낸 시간이 몇 배나 길다. 보통 연애할 때 서로에게 맞추며 부딪치는 시간이 반드시 필요한 법이다. 그러나 원거리 연애를 하는 사람들은 얼굴을 마주 보고 풀어낼 수 없기에 다툼의 해결 과정이 복잡하게 얽히기 쉽다. 그 때문인지 의외로 술술 풀릴 것 같았던 그들의 결혼은 무기한 연기되기 일쑤였다.

수국은 조금만 건조해져도 바로 말라버리는 꽃이다. 하지만 물속에 담가 두면 한 시간이 채 지나지 않아 다시 살아난다. 영원히 시들어 버리는 것이 아니라 잠시 변덕을 부리는 것이다. 마치 나를 바라봐달라고 시위하는 것처럼. 그래서 관심을 가져주면 금세 다시 활짝 핀다. 또 적합한 환경에서는 다른 어느 꽃보다도 오랜 시간 피어 있다. 그래서 수국은 '진심'을 담은 꽃이면서도 '변덕'의 꽃이다. 원거리 연애를 극복하고 마침내 결혼에 골인한 그들처럼. 두 사람은 그들을 닮은 수국 부케와 부토니어를 들고 꿈 같은 결혼식을 했다.

Hydrangea 진심, 변덕, 처녀의 꿈

수국 미니 부케 만들기

재료
크림색 수국 1송이, 게이락스 10장, 와이어(#18) 10개, 크림색 리본(너비 3cm), 핀 1개

1 게이락스 뒷면을 와이어로 관통해 줄기 방향으로 구부린 후, 줄기에 말아 고정한다.

2 게이락스의 앞면이 보이도록 수국의 가장자리에 한 장씩 빙 둘러 감는다.

3 꽃 부분부터 리본을 비스듬한 방향으로 말아서 아래까지 감은 후, 다시 한번 꽃 부분까지 감아 올려 핀으로 고정한다.

수국 싱싱하게 활용하기
1 수국이 시들었을 경우에는 거꾸로 들고 통째로 물에 꽂아 한 시간 정도 물올림을 하면 살아난다.
2 수국의 줄기는 잘라진 줄기 안의 하얀색 내용물을 제거해야 물올림이 좋아진다.

수국 잎을 몇 장 떼어내 물에 띄워 보자.
우아한 분위기를 연출할 수 있다.

Dracaena 약속을 실행하다

행운목

삶의 성장 속도 벌써 회사 생활을 시작한 지도 10년째다. 그동안 쌓은 10년의 무게에 앞으로의 10년을 얹기 전에 지금의 내 모습이 진정 바라던 모습인지 생각해본다. '나'라는 사람은 누구이며, 무엇을 위해 일하는 것일까? 내가 꿈꾸는 '나'의 모습은 뭔가를 이루려 하기보다는 좋아하는 일을 열정적으로 하는 사람이다. 그리고 뭔가를 가지려고 하기보다는 일상을 사랑하고 주변에 좋은 에너지를 전하고 싶다.

이러한 소망으로 지금까지와는 전혀 다른 일에 도전하기로 했다. 그래서 두려움보다는 설렘이 앞선다. 이 마음가짐을 잊지 않고 기억하도록 매일 조금씩 자라는 행운목을 증표로 삼으려 한다. 7년에 한 번, 그것도 불규칙한 주기로 꽃이 피는 행운목. 그 꽃을 본 사람에게 인생에 다시 오지 않을 행운을 가져다준다는 이야기가 전해진다.

언뜻 보면 자라지 않는 것 같이 보이지만, 어느 순간 싹이 삐죽 나오고 가는 뿌리가 돋아나서 이전보다 훨씬 더 큰 모습으로 자라나는 행운목. 나의 모습도 조금씩, 그러나 분명히 발전해 언젠가는 사랑하는 사람들에게 퐁퐁 솟는 에너지를 전할 수 있는 넓은 사람으로 성장하기를 빌어 본다.

행운목 접시 데코

재료
행운목, 작은 접시 둥근 것 1개, 자갈 2개

1 작은 접시에 물을 담고 행운목을 올려 놓는다.

2 접시 한쪽에 자갈을 넣어 장식한다.

3 행운목에서 뿌리가 나오면 화분에 옮겨 심어도 된다. 흙에 옮겨 심으면 훨씬 더 빠르게 성장한다.

> **행운목 수경재배하기**
> 행운목은 물에 담가 두는 것만으로도 잘 자란다. 때문에 건조해져 마르지 않도록 틈틈이 물을 보충해주자.

Calla 열정, 청정

칼라

시간의 의미   부케에 가장 많이 사용하는 꽃이자 조의용 관장식에도 사용하는 꽃이 있다. 바로 칼라다. 인생의 새로운 시작인 결혼식과 인생의 마지막인 장례식에 두루 사용된다니, 우연이라고 하기엔 너무도 기이한 일이 아닐 수 없다. 하지만 새로운 인생의 시작인 결혼식은 홀로 살아가는 삶의 마지막이고, 이승에서의 마지막인 장례식은 다음 세상을 열어주는 시작의 예식이라고 할 수 있다. 시작이 곧 끝이며, 끝은 곧 시작이다. 그렇게 시작과 끝은 결국 하나이므로 서로 공통점을 찾을 수 없을 것 같은 두 곳에 같은 꽃이 사용된다는 것은 어쩌면 당연한 일인지도 모른다.

시간은 매시간 같은 속도로 흘러가지만 시작과 끝맺음을 하는 시간에는 평상시와는 다르게 시간의 의미를 찾게 된다. 지나온 시간들과 앞으로 펼쳐질 시간들이 칼라의 줄기에 차곡차곡 쌓여 있는 것 같다. 겹겹이 쌓여 두툼해진 줄기의 단면을 자르면 삶의 기쁨과 슬픔, 그리고 다짐과 뉘우침이 빼곡히 들어 있다. 그래서 칼라는 삶의 시작과 끝을 의미하는 꽃이자, 시간의 의미가 담긴 꽃이다.

칼라 대나무 바구니꽂이

재료
자주색 칼라 3송이, 엽란 1장, 버플륨 약간, 아이비 1줄, 투명 테이프, 필통 모양 화기, 자갈 약간

1 엽란 위에 칼라와 버플륨을 가지런히 포개어 테이프로 감아 묶음을 만들고 바구니에 비스듬히 꽂는다.

2 바구니 주위를 아이비 줄기로 감고 줄기 끝을 테이프로 고정한다.

3 바구니 안에 자갈을 넣어 꽃을 원하는 방향으로 조정한다.

칼라 다듬기
1. 칼라는 줄기에 수분이 많으므로 줄기 끝을 직선으로 자른다.
2. 칼라 줄기가 직사광선에 노출되면 끝이 네 갈래로 갈라지므로 불투명한 화기에 보관하는 게 좋다.

칼라를 가지런히 모아 리본으로 줄기를 감고 핀으로 고정해주면 칼라 부케 완성!

심비디움

부모님의 마음을 담아 결혼식에 주인공인 신랑, 신부만큼 초조하고 복잡한 마음으로 참석하는 사람들이 있다. 바로 그들의 부모님인데, 결혼식 당일 그분들의 표정에는 많은 감정들이 담겨져 있다. 그리고 아직까지 유교적 풍습이 남아 있어서인지, 양가 부모님들의 표정에는 묘한 차이가 나타난다. 새로운 사람을 맞이하는 쪽과 소중한 사람을 보내는 쪽. 보통 전자가 신랑쪽, 후자가 신부쪽의 분위기다.

그러나 양쪽 부모님들의 공통점이 있다면 신랑, 신부와 마찬가지로 긴장되고 설렌다는 것. 결혼식이란 이미 경험한 사람도, 이제 곧 맞이하는 사람도 떨리고 흥분되는 시간이다. 그렇기에 신랑, 신부의 부케만큼 부모님들의 코르사주도 매우 중요하다. 그래서 난꽃 중에 가장 크고 화려해 구하기도 힘들지만, 넓고 깊은 부모님의 마음을 닮은 심비디움을 준비한다. 활짝 벌어진 심비디움의 꽃잎은 어떠한 실수도 포근히 안아줄 것 같고, 은은하고 우아한 빛깔은 조용히 자식의 뒤에 서 계신 모습과 흡사하다. 매번 결혼식 부케를 준비할 때마다 제일 먼저 심비디움을 찾는 이유가 여기에 있다.

Cymbidium 우아한 여인

심비디움 코르사주 만들기

재료
자주색 심비디움 1송이, 레몬 잎 3장, 와이어 (#22) 3개, 플로럴 테이프, 회색 리본(너비 1cm, 0.3cm)

1 레몬 잎 뒷면을 와이어로 관통하여 줄기 쪽으로 구부린 다음, 잎줄기에 감아 고정한다.

2 심비디움을 레몬 잎의 앞면이 보이도록 겹쳐 포갠다.

3 플로럴 테이프로 줄기를 감아 정리한다.

4 리본으로 줄기의 앞뒤를 감아 테이프를 가리고, 같은 색의 얇은 리본으로 줄기를 둘러 감아 매듭을 짓고 고정시킨다.

우아한 심비디움 한 송이를 다기 잔에 꽂아 차를 마시며 감상해 보자.

Pot Marigold 비탄, 실망, 비애

금잔화

보름달을 닮은 꽃 무심코 창밖을 바라보니, 내가 좋아하는 꽉 찬 만월(Full moon)이다. 서양에서는 달이 차오르면 그 모습에 반해 미치는 사람들이 많다고 믿었다. 그래서 늑대인간은 보름달을 보고 변신하고, '달(luna)'의 파생어인 'lunatic'은 '미치광이'라는 뜻을 가지고 있다. 반면 우리나라에서는 풍요의 상징으로, 보름달이 뜨는 추석과 정월대보름은 명절로 기념한다.

음력으로 보름에 태어났기 때문일까. 어렸을 때부터 보름달을 유난히 좋아했다. 그래서 해를 닮은 해바라기보다 달을 닮은 금잔화에 더 마음이 끌린다. 얼핏 보면 소국과 비슷한 금잔화는 들에서 흔히 볼 수 있는 야생화다. 전 세계에 걸쳐 서식하므로 어느 곳을 가더라도 쉽게 발견할 수 있다. 마치 어느 곳에서나 똑같은 모양의 달이 뜨는 것처럼.

우리의 생각과는 달리 정월과 추석, 일년에 두어 번을 제외하면 대개 보름달의 모습은 작고 동그란 금잔화와 같이 소박하고 정겨운 크기라고 한다. 욕심 같아서는 매일 밤 보름달이 떴으면 좋겠지만, 내 이름을 적은 금잔화 네임카드로 매일 그 모습을 떠올리며 아쉬움을 달래본다.

금잔화 네임카드 만들기

재료
금잔화 1송이, 호엽란 1줄기, 손수건, 티슈, 호일

1 물에 적신 티슈로 줄기 아랫부분을 감싼 후, 물이 새지 않도록 호일로 한번 더 감싸 준다.
2 손수건을 직사각형 모양으로 접고 가운데에 금잔화를 꽂는다.
3 손수건의 중간 부분을 호엽란으로 감아 묶어 준다.

밝은 주황색 금잔화는 나무잔과도 잘 어울린다. 짧게 자른 금잔화를 꽂기만 해도 멋진 장식이 된다.

과일과 어울리는 가을 꽃 장식

온갖 과일이 풍성한 가을. 알록달록한 햇과일과 어울리는 꽃을 함께 담아 보세요.
가을 식탁이 더욱 풍요로워집니다.

레몬 선반 데코
보라색 아게라툼은 보색의 노란색 레몬을 더욱 신선하게 강조해준다.

포도 센터피스
붉은 카네이션이 짙은 보라색의 포도와 어울려 하나의 과일처럼 보인다.
가을 식탁의 멋을 한껏 살려줄 수 있다.

배&나무 화기 데코
자주색 알스트로메리아는 연두색의 서양 배를 더욱 탐스럽게 표현해준다.

꽃과 과일 색깔 맞추기 TIP
과일의 색과 꽃의 색이 서로 돋보이도록 하려면, 비슷한 색으로 연출하거나 전혀 다른 계열의 색을 자유롭게 배합하는 게 좋다.

PART 4

Winter

따스하게 외로움을 달래주는 겨울꽃들

Alstroemeria 에로틱, 새로운 만남, 배려, 우정

알스트로메리아

3초 안에 기분 좋아지는 법 "오늘따라 힘이 없고, 우울해."

메신저로 전하는 친구의 아침인사다. 같은 회사에 근무하는 단짝 친구의 기분이 저조한가 보다. 감정 기복이 심한 내가 지금까지 꿋꿋하게 회사를 다닐 수 있었던 건 고민을 같이 나누고 흔들림을 지탱해 준 그 친구 덕이다. 팀을 옮길 때면 친구 삼으라며 작은 테이블용 인형을 선물해주던 언니 같은 마음 씀씀이를 가진 친구. 오늘은 내가 그녀의 마음을 회복시켜줄 차례다.

때마침 플라워 디자인 강좌가 있는 날, 새벽 꽃시장에 다녀왔다. 수업용 꽃을 구매하고 마지막으로 한 바퀴 돌아보는데, 반짝반짝 알스트로메리아가 나를 바라보는 것이 아닌가. 겨울엔 쉽게 꽃을 볼 수 없는 탓에 더 빛나 보였나 보다. 울적해하던 친구가 생각나 덥석 한 단을 사서 출근길에 들고 왔다. 머그잔을 깨끗이 씻고 활짝 핀 알스트로메리아와 스마일 마크가 담긴 메모지를 꽂는다.

"내가 3초 안에 기분이 좋아지는 법 알려줄까?"

얼떨떨한 그녀의 얼굴이 금방 밝아진다. 화려한 알스트로메리아보다 친구의 웃는 얼굴이 더 예쁘다. 정말 사람은 꽃보다 아름답다.

알스트로메리아 머그잔 데코

재료
알스트로메리아 1/2단, 안개꽃 약간, 흰색 머그잔, 메모판

1 물이 담긴 머그잔에 10cm 높이로 자른 알스트로메리아를 꽂는다.

2 안개꽃을 같은 길이로 잘라 알스트로메리아 사이에 꽂는다.

3 미리 만들어 둔 메모판을 꽃 가운데에 꽂아 장식한다.

메모판 만들기
1 아이스크림을 다 먹고 난 후, 바를 깨끗이 씻어서 말린다.
2 종이를 동그랗게 오려 스마일 마크를 그려 넣는다. 투명 테이프로 바를 종이 뒷면에 고정시킨다.

Carnation 모정, 사랑, 부인의 애정

카네이션

감사의 마음을 담아 엄마. 생각해보니 편지는 처음인 것 같아. 독립한 지 벌써 5년이 되었으니 떨어져 지낸 시간이 꽤 오래 되었네. 처음엔 혼자 산다는 것이 마냥 설레고 기분 좋기만 했는데. 일일이 신경 쓰지 않으면 금세 지저분해지는 집안일에 부딪쳐보니, 그동안 얼마나 미안했는지 몰라요.

아마 10살 때쯤이었나? 엄마가 부엌에서 혼자 울던 모습을 우연히 보게 되었는데, 얼마나 서럽게 울던지 차마 인기척을 낼 수가 없었어. 그 날 저녁을 차려주던 엄마의 눈은 충혈되어 붉은데, 입은 웃고 있더라고요. 비록 어렸지만 아이에게는 힘겨운 모습을 보여주지 않으려 애쓰는 엄마 모습을 보며 진짜 어른의 모습이구나 하고 생각했죠.

한 살씩 나이가 들고 엄마가 살아온 길을 따라가면서 예전에 내가 느끼던 엄마의 모습을 생각하면 '난 아직 멀었구나.' 하고 생각해요. 아직 그 반에 반도 이해하지 못하지만, 이제야 조금은 그때의 엄마 맘을 알아가고 있는 것 같아요. 나도 노력하면, 언젠가 엄마처럼 진짜 어른이 되겠지? 하지만 오래 걸릴 게 분명하니까, 그 모습 보시려면 건강하게 오래오래 사셔야 해요. 사랑해요. 엄마.

카네이션 하트 박스

재료
빨간색 카네이션 10송이, 하트 모양 박스 1개,
자주색 리본(너비 3cm), 오아시스 1개

1 하트 박스 모양으로 자른 플로럴폼을 박스 안에 넣는다.

2 10cm로 길이로 자른 카네이션 줄기 2개를 하트 왼쪽 중간에 꽂는다(뚜껑이 살짝 열리도록 고정시키는 역할을 한다).

3 박스에 뚜껑을 덮고, 보이는 부분의 플로럴폼에 카네이션을 촘촘하게 꽂는다.

4 뚜껑이 열리지 않도록 리본으로 단단히 묶는다.

Orchid 애정의 표시

호접란

여자로 산다는 것 조지아 오키프는 꽃 그림을 많이 남겼는데 꽃을 확대해 그림으로써 여성성을 상징적으로 표현했다. 흔히 여자는 꽃에, 남자는 나비에 비유하곤 하는데 아마 여자로서 불운했던 자신의 삶을 꽃에 투영하고자 한 것이 아닐까. 유명한 사진작가이자, 끊임없는 바람기로 유명했던 알프레드 스티글리츠를 사랑함으로써 깊은 상처를 받은 그녀는 말년까지 많은 질병에 시달렸다. 그녀가 처한 시련에서의 유일한 탈출구는 그림이었을 게다.

그녀의 작품 중에서도 여성스러우면서 선을 단단하게 묘사한 작품 〈난(Orchid)〉은 그녀의 삶과 꼭 닮은 모습이다. 고결하면서도 씩씩한 꽃잎의 묘사와 함께 내면의 음울한 자아를 품고 있는 듯한 꽃술은 인상적인 것을 넘어 신비롭기까지 하다.

실제로 난은 여성스러운 겉모습과는 달리 무척 단단한 성질을 가지고 있어 며칠 동안 물에 꽂아두지 않아도 거뜬히 버틸 수 있다. 부드럽고 우아하지만 내면은 단단한 외유내강형 여성의 이미지랄까? 그래서 힘들고 답답한 상황에 처할 때면 그녀의 작품 〈난〉을 떠올린다. 그리고 다짐한다. 마냥 움츠러들 것이 아니라 난의 모습처럼 더 당당하게 활짝 펴고 살아갈 것을.

호접란 접시에 띄우기

재료
분홍색 호접란 4송이, 보라색 접시 1개, 물에 뜨는 초 1개

1 접시에 1/3 정도 물을 담는다.

2 호접란 1송이의 꽃잎을 떼어내고, 나머지 3송이와 함께 접시에 띄운다.

3 물에 뜨는 초를 함께 띄워 장식한다.

호접란 뿌리에 이끼를 감아 접시에 담아보자.
이끼에 물을 적시면 꽃을 오래 볼 수 있다.

Baby's Breath, Gypsophila 맑은 마음, 사랑의 성공

안개꽃

녹지 않는 눈송이 아침부터 하늘이 찌뿌드드하더니 오후가 되면서 결국 눈발이 날리기 시작한다. "퇴근 후에 어떻게 집에 가지?" "이런 눈길에서 과연 운전을 할 수 있을까?" 어렸을 때는 마냥 낭만적이기만 했던 눈이 언제부터 걱정의 대상으로 변한 걸까. 결국 폭설에 차를 포기하고 지하철역까지 눈 내리는 거리를 타박타박 걸어 본다.

막상 걷다 보니 걱정은 사라지고 오랜만에 느끼는 눈길의 폭신함이 좋아서 퇴근길의 부산함도, 우산에 사박거리며 쌓이는 눈의 소리도 반갑기만 하다. 나뭇가지마다 소복하게 쌓인 모양이 아름다워 사진도 찍고, 여유 있게 혼자 눈길을 걷노라니 연애 시절도 떠오른다. 몇 년 전, 오늘처럼 눈이 펑펑 오던 날, 한강 둔치에서 영화 〈러브레터〉의 연인들처럼 막대기로 하트도 그리고 발자국도 남기면서 얼마나 뛰어다녔던지……. 그렇다. 눈은 그런 유치한 풍경마저 예뻐 보이게 한다. 집으로 가는 길에 꽃집에 들러 눈송이를 쏙 빼닮은 안개꽃을 한 다발 샀다. 그날의 기억을 떠올려 행복하게 만들어 줄, 절대 녹지 않는 눈을 한 아름 안고. 올 겨울은 내내 행복할 것 같다.

안개꽃 와이어 접시꽂이

재료
안개꽃 1/3단, 분홍색 라넌큘러스 3송이,
접시 오목한 것 1개, 은색 알루미늄 와이어

1 물이 적당히 담긴 접시에 은색 알루미늄 와이어를 성글게 구부려 넣는다.

2 와이어 사이에 짧게 자른 안개꽃 줄기를 꽂는다.

3 라넌큘러스를 한쪽에 모아 꽂아서 포인트를 준다.

안개꽃 꽂기 요령
안개꽃은 줄기가 쉽게 무르는 꽃이므로, 물에 락스를 한 방울 타면 꽃이 오래 간다.

밥공기에 소담스럽게 안개꽃을 담아 보자. 어두운 색의 화기일수록 안개꽃이 돋보인다.

아이비

최고의 룸메이트　저녁이면 휑한 집에 홀로 들어가는 것이 싫다며 결혼을 결심한 친구가 있다. 뭐 그런 싱거운 이유가 있냐고 웃어 넘겼지만, 나 역시 집에 들어설 때 반갑게 맞아주는 사람이 있으면 좋겠다는 생각이 간절할 때가 있다. 잦은 야근도, 오랜 싱글 생활로 인한 까다로운 성격도 이해해주며 나와 함께 살아줄 사람은 진정 없는 걸까?

어느 날, 너무 잘 자라 골치라며 이사님께서 아이비 화분 하나를 건네셨다. 아이비는 물에 그냥 담아두기만 해도 잘 자라는 수경식물이라 몇 줄기는 생수병에 꽂아 자리에 두고 나머지는 픽에 담아 집에 가져왔다. 유리병에 물을 담아 햇빛이 잘 드는 창가에 놓아둔 채 잊고 지냈는데, 일주일이 지나자 뿌리가 나오더니 한 달이 지날 즈음에는 원래 크기의 두 배 정도로 자라 있었다.

소리도, 털도, 냄새도 없기에 그대로인 듯 보이지만 물이 부족하면 시들한 표정으로 조용히 기다리고, 볼 때마다 무성하게 자란 모습을 보여주는 아이비. 싱글들에게 이렇게 편안하고 친절한 룸메이트가 있을까? 가만히 곁에서 지켜봐주고 몸에 해로운 포름알데히드까지 없애주는 아이비는 나의 최고 룸메이트다.

Ivy 분별, 기만

아이비 유리 모빌

재료
아이비 3줄기, 투명 유리 모빌 3개, 와이어, 마사토(작은 자갈) 약간, 자갈 1개

1 모빌에 와이어를 단단히 묶는다.

2 아이비의 줄기 끝을 모빌 안에 넣고 줄기를 모빌 밖으로 늘어뜨린다.

3 아이비의 줄기가 고정되도록 마사토와 자갈을 모빌 안에 넣은 후, 물을 1/3가량 붓는다.

> **아이비 화분에 심기**
> 줄기 끝에 뿌리가 튼튼하게 자라면 화분에 옮겨 심는 것이 좋다. 자세한 방법은 산세이베리아 분갈이 방법을 참조하자.

Sansevieria 관용

산세비에리아

새 건물 증후군 안녕! 회사가 또 새로운 건물로 이사를 했다. 확장이 큰 회사이다 보니 몇 년에 한 번은 꼭 이사를 한다. 이삿짐을 정리하자 달랑 박스 2개. 그중 하나는 사무용품과 노트북이고 다른 하나에는 산세비에리아 화분이 3개나 들어 있다. 겨우 1년 남짓 키웠을 뿐인데 어느새 화분을 비집고 나올 기세로 자라 박스에 한 가득이다. 결국 더 넓은 화분으로 갈아주는 게 좋겠다 싶어 집으로 가지고 왔다.

분갈이를 하면서, 그동안 특별히 가려움증이나 건조증으로 고생한 적이 없다는 생각이 불현듯 떠오른다. 책상 위에 사무용품보다 화분이 더 많다며 아마존이 따로 없다는 얘기를 자주 듣곤 했는데 다 산세비에리아 덕인가. 물론 1개의 산세비에리아로 해독할 수 있는 유해 성분은 매우 소량이다. 하지만 그들 사이에 있다 보면 어느새 몸과 마음이 편해지는 것이 단지 플라시보 효과만은 아닐 터. 회사에 가면 또다시 독한 유해 성분들이 괴롭히려 들겠지만, 이 녀석들과 함께라면 왠지 걱정하지 않아도 될 것 같다.

산세비에리아 분갈이하기

재료
산세비에리아, 작은 양철통, 지름 2~3cm 크기의 자갈, 배양토, 마사토, 나무젓가락

1 양철통 바닥의 물구멍을 망으로 막는다.

2 지름 2~3cm의 돌을 화분 높이의 1/5 정도 깐다.

3 배양토를 1/2 정도 채우고, 산세비에리아의 위치를 잡아준다.

4 산세비에리아를 한 손으로 잡아 위치를 고정하면서 남은 흙을 채운다.

5 흙의 표면을 젓가락으로 부분부분 찔러 흙이 부피감 있게 채워지도록 한다.

6 흙의 표면에 마사토를 깔아주고 분무기를 이용해 물을 흠뻑 준다. 마사토는 외관상 깔끔하게 보이게 할 뿐 아니라 흙의 표면이 건조해지는 것을 막아준다.

편백나무

따뜻한 겨울을 기대하며 매년 겨울이 시작되면, 연말이 눈앞에 다가온 것 같아 서둘러 크리스마스를 준비한다. 올해도 일찌감치 편백나무를 사두었다. 혼자 사는 집이라 작은 것으로도 충분하기 때문에 매년 테이블에 올려둘 만한 크기로 준비한다. 편백나무는 피톤치드를 내뿜는다 하여 산림욕이나 아토피 치료에도 사용하고, 일본에서는 '히노키'라 불리는 욕탕 재료로도 활용한다. 가지에서 풍기는 은은한 향이 상쾌하고 물에 담가 두지 않아도 6개월 정도는 싱싱한 푸른색을 유지하기 때문에 트리 재료로도 안성맞춤이다.

크리스마스 트리의 유래는 북유럽의 나무숭배와 깊은 연관이 있다고 한다. 이는 16세기 독일에서 크리스마스 트리 장식으로 이어졌고, 영국 빅토리아 여왕의 남편이었던 독일인 앨버트 왕자에 의해 최초로 영국 왕실에 세워진 이래 일반인들도 집에 장식하기 시작했다. 지금도 독일에는 매년 아이들과 함께 둘러 앉아 테이블 트리를 만드는 전통이 있다. 가족이 모여 트리를 장식하며 한 해를 돌아보는, 그야말로 행복의 시간을 나누는 것이다. 지금은 비록 혼자지만 내년 겨울엔 내 아이를 위해 트리를 준비할 수 있기를 바래본다.

Hinoki Cypress 기도

편백 테이블 트리

재료
편백 1단, 흰색 머그잔 1개, 금색 장식용 전구 1줄, 빨간색 별 오너먼트 1개, 금색·투명 와이어, 금색 리본, 접착제(글루)

1 편백 가지를 높이에 맞춰 긴 것, 중간 것, 짧은 것으로 분류한다.

2 트리의 높이가 될 가장 긴 가지를 모아 투명 와이어로 성글게 감는다. 투명 와이어 사이에 남은 가지를 끼운다. 큰 가지는 윗부분, 짧은 가지는 아랫부분에 배치한다.

3 전체적인 트리 모양이 완성되면 머그잔에 꽂아 중심을 잡는다. 금색 와이어와 장식용 전구를 트리 주변에 두른다.

4 접착제로 트리 꼭대기에 별 모양 오너먼트를 달고, 트리의 중간에 리본을 붙인다.

집에 있는 율마 화분을 활용하면 미니 트리를 만들 수 있다.

자금우

그녀들의 저녁식사 바쁘게 살다 보면 아무리 친한 친구라도 한 달에 한두 번 만나기가 쉽지 않다. 꾹꾹 눌러 놓은 보고픈 마음은 연말이 되면 더 이상 참을 수 없을 지경이 된다. 그래서 연말엔 친구들의 파티 계획이 제일 먼저다. 올해도 어김없이 파티 장소는 우리 집. 언젠가부터 멋진 레스토랑에서의 불편한 모임보다는 오랫동안 편히 앉아 수다를 떨 수 있는 집이 더 좋다. 그래서 우리만의 분위기를 오롯이 담을 수 있는, 특별한 테이블을 준비하곤 한다.

각자 음식을 준비해오기 때문에 와인과 테이블 세팅만 하면 되는데, 누가 뭐래도 가장 중요한 건 파티에 낭만을 더해줄 초가 있는 센터피스와 와인 장식. 친구들과 꼭 닮은 꽃으로 장식한 와인 잔에 네임 태그를 하나씩 붙여주면 완성. 이제는 쉽게 누군가와 친해지기 어려울 정도로 자기 색깔이 뚜렷해지는 나이이다 보니, 꽤 오랜 기간 세월을 함께 쌓은 친구들이 더욱 소중하게 느껴진다. 이렇게 서로 좋은 에너지를 주고받으며 함께 나이 들어갈 수 있는 친구가 있다는 것은 꽤 흐뭇하고 위안이 되는 일이다.

Malberry

자금우 센터피스

재료

자금우 1단, 나뭇가지 리스 1개, 와인 잔 1개, 초 작은 것(티라이트) 1개, 나무 쟁반

1. 나뭇가지로 만든 리스를 구입해 쟁반 위에 올려 놓는다.
2. 리스 중간에 와인 잔을 놓고 와인 잔 안에 초를 넣는다.
3. 리스 위에 자금우 가지들을 꽂아 장식한다. 빨간 열매는 잘 보이도록 윗면에 꽂는 것이 좋다.

> **자금우의 또 다른 이름**
> 자금우는 그 생김새답게 정월에 축화 용도로 주고받는다. 비슷한 모습의 백량금과 구분해 천량금이라고 부르기도 한다.

Pine 불로장수, 영원불멸, 자비, 절개

소나무

해피 뉴 이어! 매년 연초가 되면 올해는 어떤 한 해가 될지 기대하는 마음에 신년 운세를 챙겨 본다. 그리고 언젠가부터 새로운 일들을 계획하기보다 지금의 모습보다 더 나빠지지 않기를 바라는 것 같다. 크게 나쁜 일이 없는 것만으로도 얼마나 감사한 일인지 예전엔 미처 깨닫지 못했다. 이 또한 나이듦의 자연스런 과정이겠지만, 점점 지키고 싶은 것들이 하나씩 느는 탓도 있다.

누군가 "젊은 시절에는 장점으로 먹고 살고, 중년에는 단점을 잘 감추면서 살아야 한다."고 했다. 아직은 감추는 방법을 고민하기에 이른 나이지만 지금 내게는 잃고 싶지 않은 것들이 너무나 많다. 건강, 가족의 화목, 친구들과의 우정……. 그래서 연초가 되면 나쁜 기운을 물리쳐준다는 소나무 리스를 만든다. 소나무는 예로부터 액을 막아준다고 해 문 앞을 장식하는 도구로 사용되었다. 특히 일본에서는 신년이 되면 꼭 소나무 가지로 리스를 만들어 문 앞에 걸어두는 풍습이 있다. 소나무의 싱그러운 녹색의 기운은 풍요로운 한 해가 될 것 같은 기대감을 낳고, 상쾌한 향기는 덤이다. 이제 행복한 꿈을 꾸는 일만 남았다.

소나무 벽걸이용 꽃다발

재료
소나무 1/2단, 한지 포장지, 붉은색 리본(너비 1cm)

1 소나무 가지를 다듬어 역삼각형 모양으로 모아 정리한다.
2 소나무 가지의 아랫부분을 한지 포장지로 두른다.
3 붉은색 리본으로 포장지를 묶어서 고정시킨다.

> **소나무의 향**
> 소나무는 향기가 오래가기 때문에 3~6개월은 변색 없이 은은한 향과 함께 즐길 수 있다.

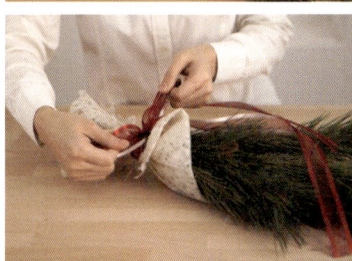

자칫 건조해지기 쉬운 계절, 겨울. 산소와 수분을 선물하는 다육식물을 키워 보세요.
숙면에도 도움을 주므로 침실이나 책장에 놓으면 좋답니다.

오로라
연한 녹색이지만 가을 햇살을 받으면 붉게 물들기도 한다.

정야
장미를 닮았으며 마치 꽃잎처럼 활짝 펴진다.

성을녀
꽃대를 쌓아올리며 층층이 자라나는 것이 특징이다.

귄년
정야와 비슷하게 장미꽃 모양이지만 흰 비단실 같은 것이 얽혀 있다.

다육식물 키우기 TIP

유리병이나 다기 등을 재활용해 다육식물을 심으면 예쁘게 장식할 수 있다. 물을 조금만 줘도 잘 자라기 때문에 큰 화기가 필요없다.

epilogue

 서툰 솜씨로 책을 만들어 보자는 무리한 욕심을 가졌을 때부터 마음 고생이 시작되었던 것 같습니다. 욕심뿐이었을지도 모를 생각을 이렇듯 현실로 만들어 준 많은 분들에게 먼저 고마움을 전합니다.
 책의 기획에서 마무리까지 온 신경을 다 써주시고 부족한 아이디어를 높이 사주신 살림출판사분들, 사진을 예쁘게 찍어 주신 이정민 실장님과 스타일링을 도와주신 슈가홈 식구들 고맙습니다. 또 내 삶의 든든한 지지대인 우리 가족과 항상 내 편이신 하느님, 게으른 저를 채찍질하고 물심양면으로 도와준 지원 언니, 촬영 내내 궂은 일을 도맡아 해준 한지혜양, 언제나 맛있는 음식과 치유의 수다로 응원하는 절친들(한녀사, 노양, 지혜), 오히려 배우는 것이 많아 평생 곁에 두고 싶은 동생들(먕, 희진), 회사일에 소홀함에도 슬쩍 눈감아 주신 두 대표님(김진희 대표님, 이재상 대표님), 라렌의 플로리스트 박시현님, 그 밖에도 곁에서 지켜봐주시는 많은 분들 덕분에 결국 이렇게 완성되었습니다. 고맙습니다.
 마지막으로 장을 볼 때 저녁 테이블을 장식할 꽃 한 송이를 기꺼이 고를 줄 아는 멋있는 당신에게 이 책을 선물합니다.

내 방에 작은 정원, 쁘띠 플라워

펴낸날	초판 1쇄 2010년 4월 20일
	초판 7쇄 2021년 11월 16일

지은이　김혜진
펴낸이　심만수
펴낸곳　(주)살림출판사
출판등록　1989년 11월 1일 제9-210호

주소　경기도 파주시 광인사길 30
전화　031-955-1350　팩스　031-624-1356
홈페이지　http://www.sallimbooks.com
이메일　book@sallimbooks.com

ISBN　978-89-522-1396-9　13590

※ 저자와의 협의에 의해 인지를 생략합니다.
※ 잘못 만들어진 책은 구입하신 서점에서 바꾸어 드립니다.